AF234490

Impressum
Verlag: BABADADA GmbH, Nedderfeld 112 , 22529 Hamburg
Geschäftsführer / Verlagsleitung: Harald Hof
Druck: Books on Demand GmbH, In de Tarpen 42, 22848 Norderstedt

Imprint
Publisher: BABADADA GmbH, Nedderfeld 112 , 22529 Hamburg, Germany
Managing Director / Publishing direction: Harald Hof
Print: Books on Demand GmbH, In de Tarpen 42, 22848 Norderstedt

école

el colegio

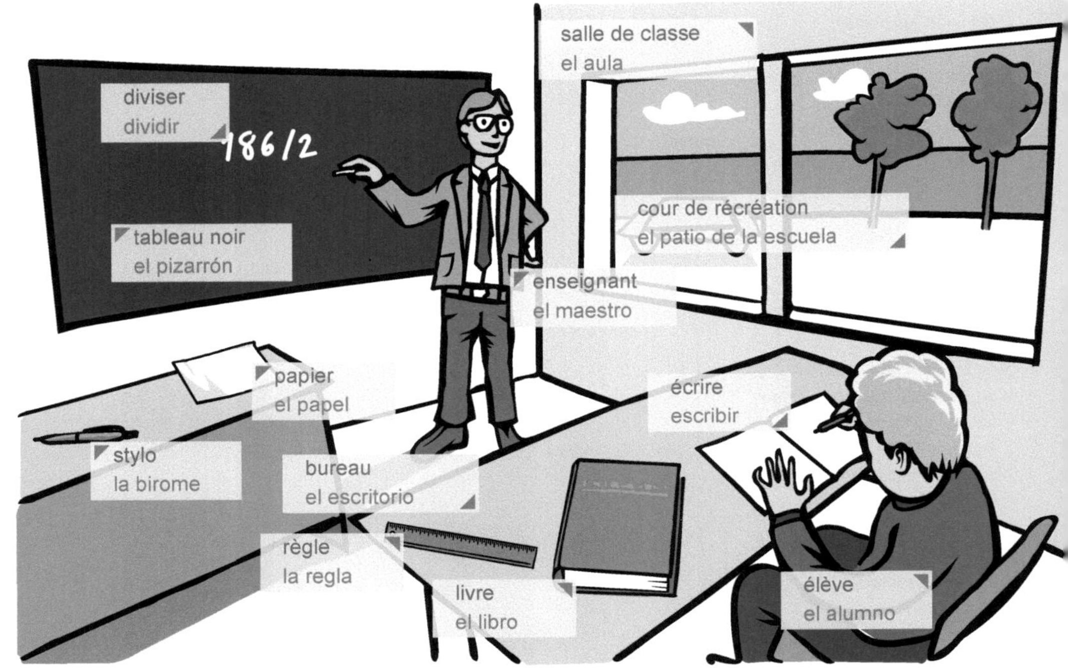

salle de classe
el aula
diviser
dividir
186/2
cour de récréation
el patio de la escuela
tableau noir
el pizarrón
enseignant
el maestro
papier
el papel
écrire
escribir
stylo
la birome
bureau
el escritorio
règle
la regla
livre
el libro
élève
el alumno

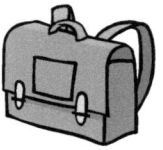

sac d'école

la mochila

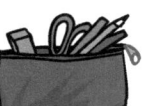

trousse

la caja de lápices

crayon

el lápiz

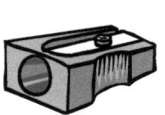

taille-crayon

el sacapuntas

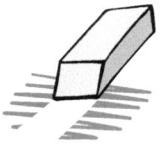

gomme

la goma (de borrar)

carnet à dessin

el bloc de dibujo

dessin

el dibujo

pinceau

el pincel

boîte de peinture

la caja de pinturas

ciseaux

la tijera

colle

el pegamento

cahier d'exercices

el cuaderno de ejercicios

tâches

la tarea

chiffre

el número

additionner

sumar

soustraire

restar

multiplier

multiplicar

calculer

calcular

lettre

la letra

alphabet

el abecedario

mot

la palabra

texte

el texto

lire

leer

craie

la tiza

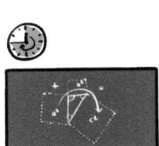

leçon

la lección

livre de classe

el cuaderno de clase

examen

el examen

certificat

el certificado

uniforme scolaire

el uniforme escolar

formation

la educación

lexique

la enciclopedia

université

la universidad

microscope

el microscopio

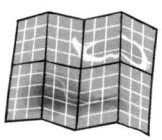

carte

el mapa

corbeille à papier

el tacho (de basura)

voyage
el viaje

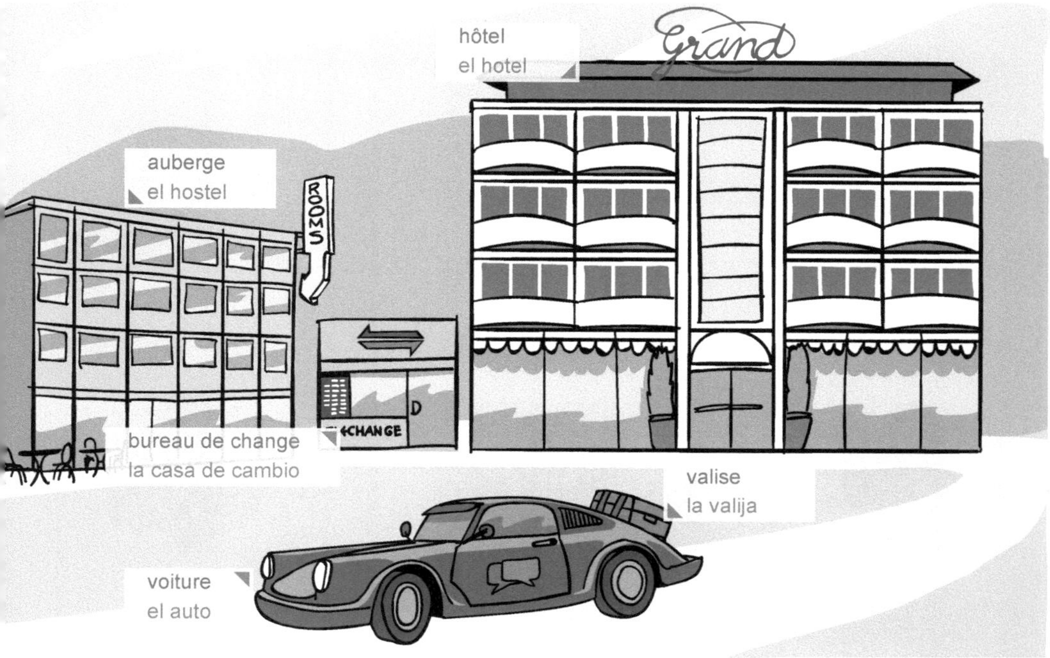
hôtel
el hotel
Grand
auberge
el hostel
ROOMS
EXCHANGE
bureau de change
la casa de cambio
valise
la valija
voiture
el auto

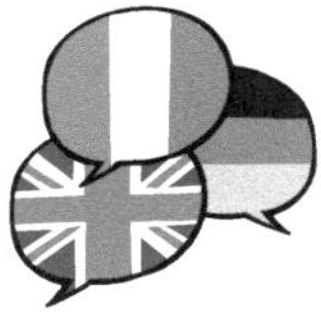

langue

el idioma

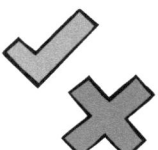

oui / non

sí / no

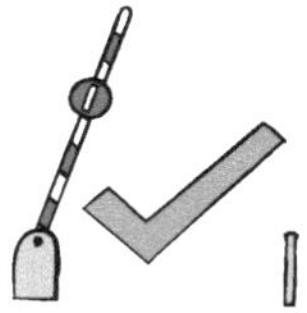

d'accord

Está bien

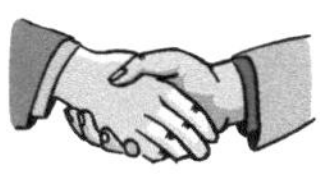

Salut

hola

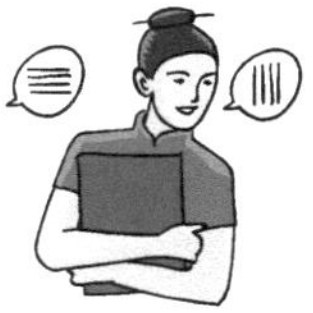

interprète

el traductor

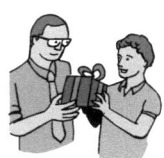

merci

Gracias

Combien coûte...?

¿cuánto cuesta...?

Je ne comprends pas

No entiendo

problème

el problema

Bonsoir!

¡Buenas tardes!

Bonjour!

¡Buenos días!

Bonne nuit!

¡Buenas noches!

Au revoir

el adiós

direction

la dirección

bagages

el equipaje

sac

el bolso

sac-à-dos

la mochila

hôte

el invitado

pièce

la habitación

sac de couchage

la bolsa de dormir

tente

la carpa

office de tourisme

la información turística

plage

la playa

carte de crédit

la tarjeta de crédito

petit-déjeuner

el desayuno

déjeuner

el almuerzo

dîner

la cena

billet

el pasaje

ascenseur

el ascensor

timbre

el sello

frontière

la frontera

douane

la aduana

ambassade

la embajada

visa

la visa

passeport

el pasaporte

voyage - el viaje

transport

el transporte

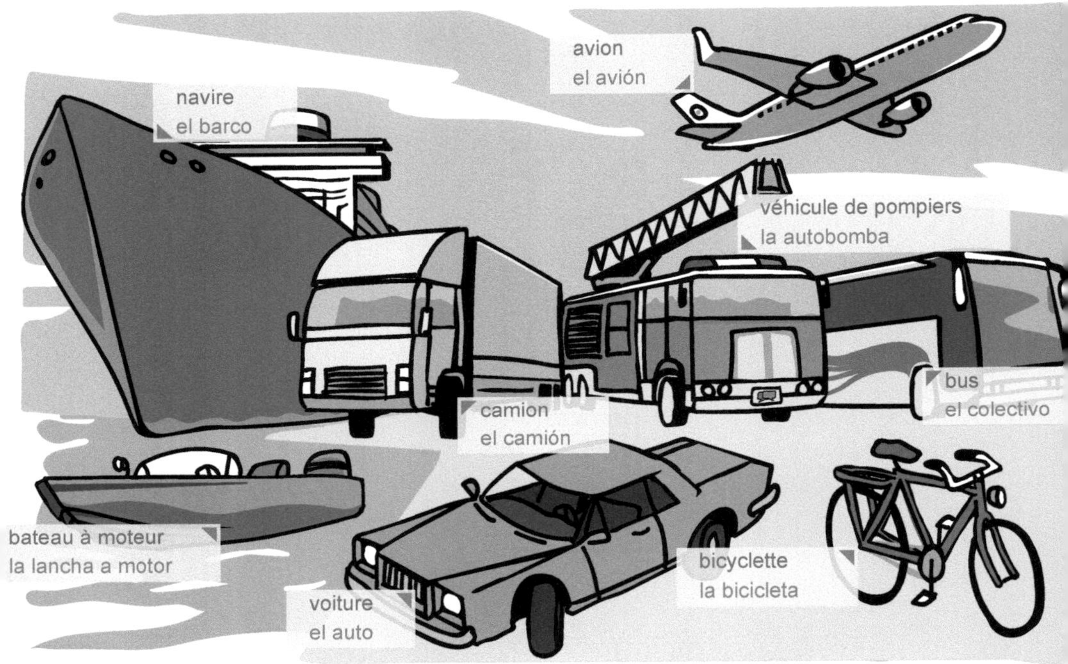

avion
el avión
navire
el barco
véhicule de pompiers
la autobomba
bus
el colectivo
camion
el camión
bateau à moteur
la lancha a motor
bicyclette
la bicicleta
voiture
el auto

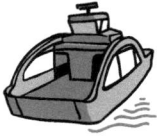

ferry

el ferry

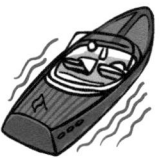

barque

el bote

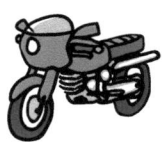

moto

la moto

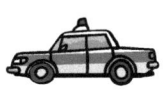

voiture de police

el patrullero

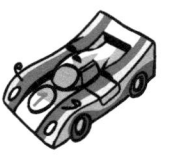

voiture de course

el auto de carreras

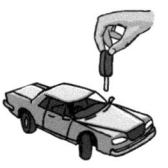

voiture de location

el auto de alquiler

autopartage

el alquiler de autos

dépanneuse

la grúa

benne à ordures

el camión de la basura

moteur

el motor

essence

la nafta

station d'essence

la estación de servicio

panneau indicateur

la señal de tránsito

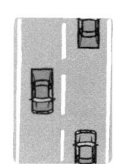

trafic

el tránsito

embouteillage

el embotellamiento

parking

el estacionamiento

gare

la estación de tren

rails

las vías

train

el tren

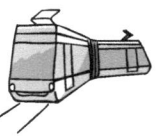

tram

el tranvía

wagon

el vagón

hélicoptère

el helicóptero

aéroport

el aeropuerto

tour

la torre

passager

el pasajero

container

el contenedor

carton

la caja de cartón

chariot

la carretilla

corbeille

la canasta

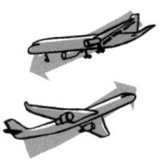

décoller / atterrir

despegar / aterrizar

ville

la ciudad

village

el pueblo

centre-ville

el centro de la ciudad

maison

la casa

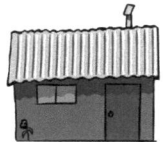

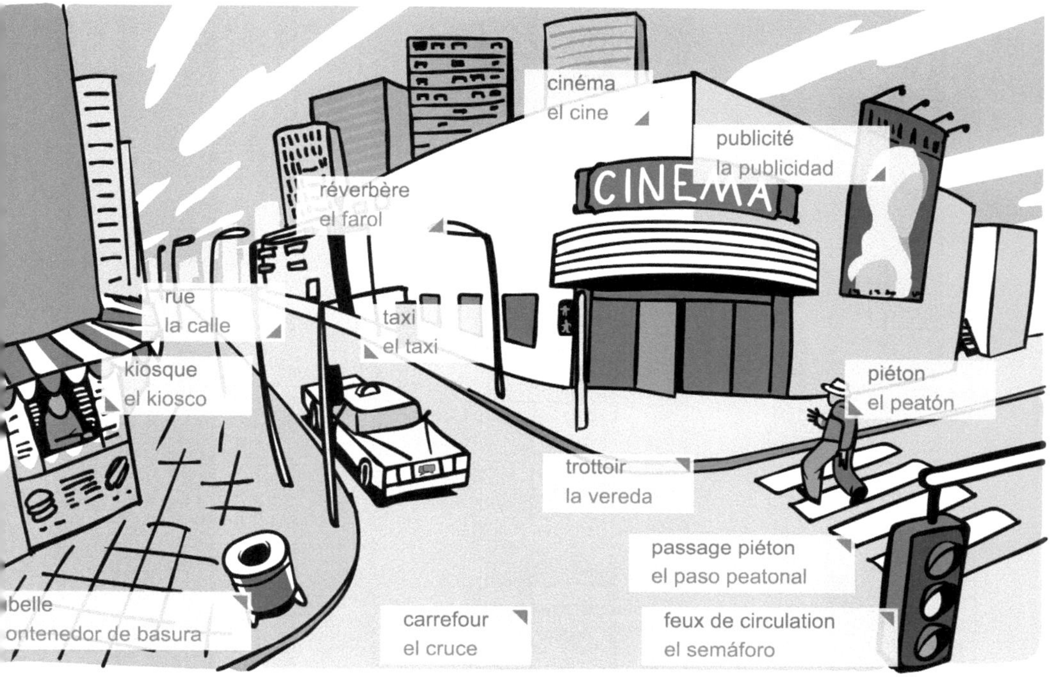
cinéma
el cine
publicité
la publicidad
CINEMA
réverbère
el farol
rue
la calle
taxi
el taxi
kiosque
el kiosco
piéton
el peatón
trottoir
la vereda
passage piéton
el paso peatonal
belle
ontenedor de basura
carrefour
el cruce
feux de circulation
el semáforo

cabane

la cabaña

appartement

el departamento

gare

la estación de tren

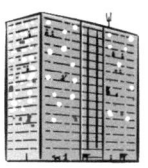

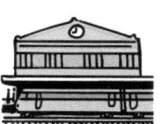

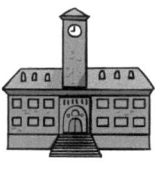

mairie

la municipalidad

MUSEUM

musée

el museo

école

el colegio

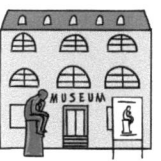

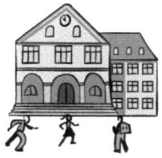

université

la universidad

banque

el banco

hôpital

el hospital

hôtel

el hotel

pharmacie

la farmacia

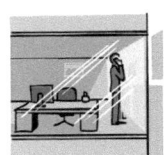

bureau

la oficina

librairie

la librería

magasin

el negocio

fleuriste

la florería

supermarché

el supermercado

marché

el mercado

grand magasin

las grandes tiendas

poissonnerie

la pescadería

centre commercial

el centro comercial

port

el puerto

parc

el parque

banque

el banco

pont

el puente

escaliers

las escaleras

métro

el subte

tunnel

el túnel

arrêt de bus

la parada del colectivo

bar

el bar

restaurant

el restaurante

boîte à lettres

el buzón

panneau indicateur

el letrero

parcomètre

el parquímetro

zoo

el zoológico

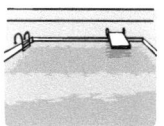

réverbère

la pileta

mosquée

la mezquita

ferme

la granja

pollution

la contaminación

cimetière

el cementerio

église

la iglesia

aire de jeux

los juegos infantiles

temple

el templo

paysage
el paisaje

feuille
la hoja

panneau indicateur
el poste indicador

chemin
el camino

pré
la pradera

pierre
la piedra

randonneur
el excursionista

arbre
el árbol

rivière
el río

herbe
la hierba

fleur
la flor

vallée
el valle

montagne
la montaña

lac
el lago

forêt
el bosque

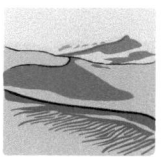

désert
el desierto

volcan
el volcán

château
el castillo

arc-en-ciel
el arco iris

champignon
el champiñón

palmier
la palmera

moustique
el mosquito

mouche
la mosca

fourmis
la hormiga

abeille
la abeja

araignée
la araña

scarabée

el escarabajo

grenouille

la rana

écureuil

la ardilla

hérisson

el erizo

lapin

la liebre

chouette

la lechuza

oiseau

el pájaro

cygne

el cisne

sanglier

el jabalí

cerf

el ciervo

élan

el alce

barrage

la presa

éolienne

el aerogenerador

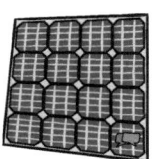

panneau solaire

el panel solar

climat

el clima

restaurant
el restaurante

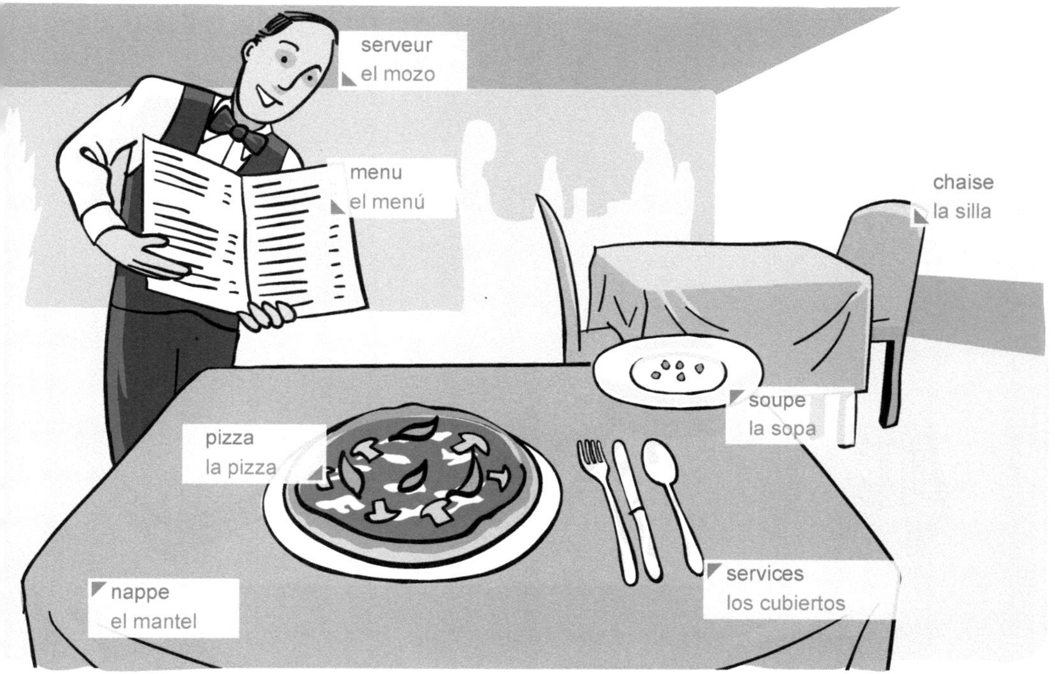
serveur
el mozo
menu
el menú
chaise
la silla
soupe
la sopa
pizza
la pizza
services
los cubiertos
nappe
el mantel

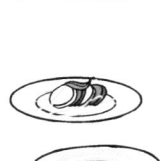

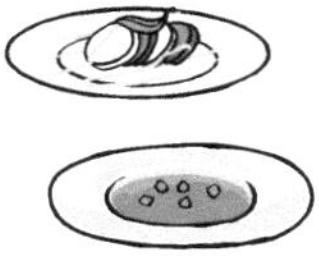

hors d'œuvre

la entrada

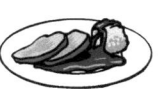

plat principal

el plato principal

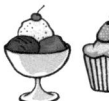

dessert

el postre

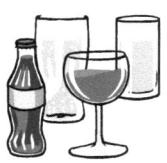

boissons

las bebidas

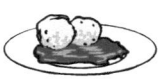

alimentation

la comida

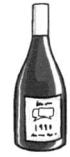

bouteille

la botella

fast-food

la comida rápida

plats à emporter

la comida callejera

théière

la tetera

sucrier

la azucarera

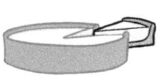

portion

la porción

machine à expresso

la cafetera expreso

chaise haute

la sillita alta

facture

la cuenta

plateau

la bandeja

couteau

el cuchillo

fourchette

el tenedor

cuillère

la cuchara

cuillère à thé

la cucharita

serviette

la servilleta

verre

el vaso

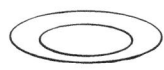

assiette

el plato

assiette à soupe

el plato hondo

soucoupe

el plato

sauce

la salsa

salière

el salero

moulin à poivre

el molinillo de pimienta

vinaigre

el vinagre

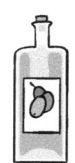

huile

el aceite

épices

las especias

ketchup

el kétchup

moutarde

la mostaza

mayonnaise

la mayonesa

supermarché

el supermercado

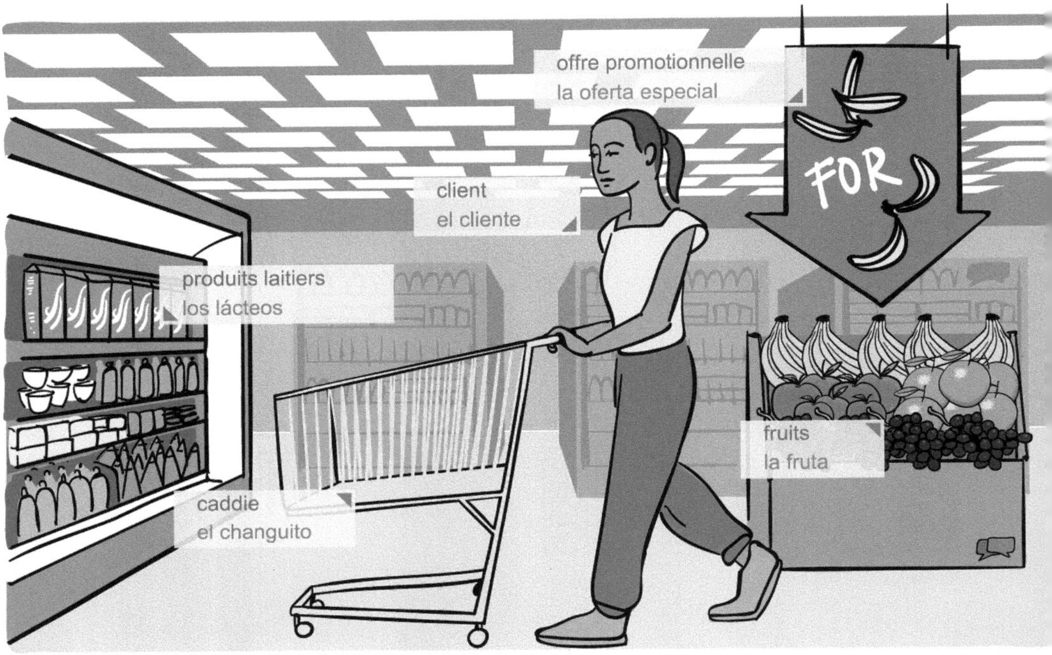

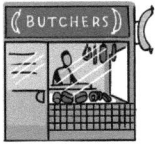

offre promotionnelle
la oferta especial
FOR
client
el cliente
produits laitiers
los lácteos
fruits
la fruta
caddie
el changuito

BUTCHERS

boucherie

la carnicería

BAKERY

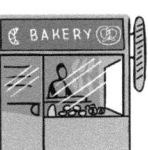

boulangerie

la panadería

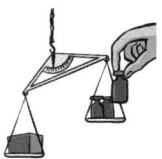

peser

pesar

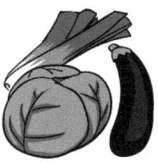

légumes

las verduras

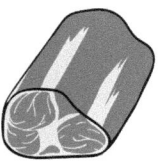

viande

la carne

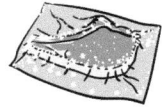

aliments surgelés

los alimentos congelados

charcuterie

los fiambres

conserves

los alimentos enlatados

poudre à lessive

el detergente en polvo

bonbons

las golosinas

articménagers

los electrodomésticos

détergents

los productos de limpieza

vendeuse

la vendedora

caisse

la caja

caissier

el cajero

liste d'achats

la lista de compras

heures d'ouverture

el horario de atención

portefeuille

la billetera

carte de crédit

la tarjeta de crédito

sac

la cartera

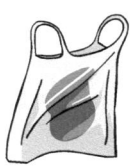

sac en plastique

la bolsa de plástico

eau

el agua

jus de fruit

el jugo

lait

la leche

coca

la bebida cola

vin

el vino

bière

la cerveza

alcool

el alcohol

chocolat chaud

el cacao

thé

el té

café

el café

expresso

el café expreso

cappuccino

el cappuccino

banane
la banana

pomme
la manzana

orange
la naranja

melon
el melón

citron
el limón

carotte
la zanahoria

ail
el ajo

bambou
el bambú

oignon
la cebolla

champignon
el champiñón

noisettes
las nueces

pâtes
los fideos

spaghettis

los tallarines

riz

el arroz

salade

la ensalada

frites

las papas fritas

pommes de terre rôties

las papas fritas

pizza

la pizza

hamburger

la hamburguesa

sandwich

el sándwich

escalope

el churrasco

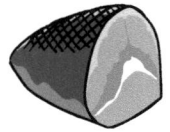

jambon

el jamón

salami

el salame

saucisse

la salchicha

poulet

el pollo

rôti

el asado

poisson

el pescado

flocons d'avoine

los copos de avena

muesli

el muesli

cornflakes

los copos de maíz

farine

la harina

croissant

la medialuna

petits-pains

el pancito

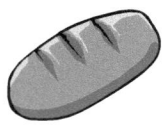

pain

el pan

pain grillé

la tostada

biscuits

las galletitas

beurre

la manteca

fromage blanc

la cuajada

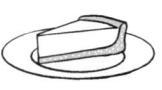

gâteau

la torta

œuf

el huevo

œuf au plat

el huevo frito

fromage

el queso

alimentation - la comida   25

glace	sucre	miel
el helado	el azúcar	la miel

confiture	crème nougat	curry
la mermelada	la pasta de chocolate	el curry

ferme
la granja

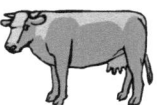

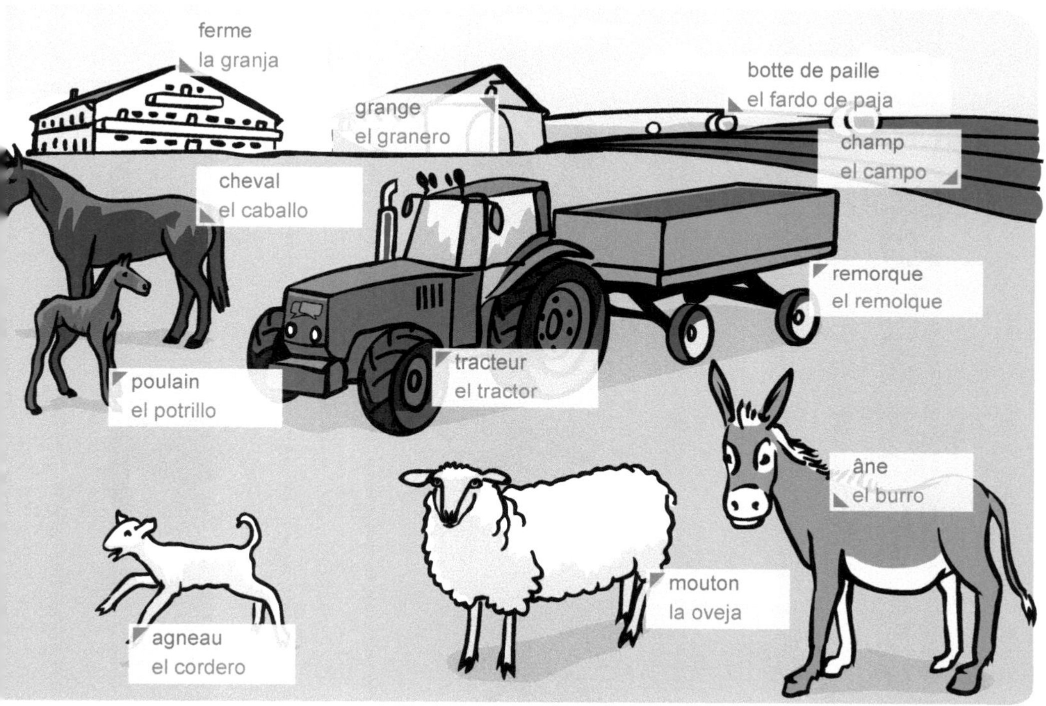
ferme
la granja
grange
el granero
botte de paille
el fardo de paja
champ
el campo
cheval
el caballo
remorque
el remolque
tracteur
el tractor
poulain
el potrillo
âne
el burro
mouton
la oveja
agneau
el cordero

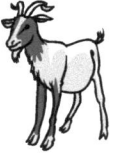

chèvre

la cabra

vache

la vaca

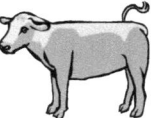

veau

el ternero

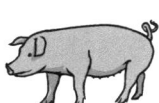

porc

el cerdo

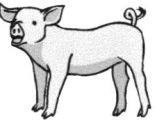

porcelet

el lechón

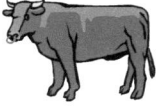

taureau

el toro

oie

el ganso

canard

el pato

poussin

el pollo

poule

la gallina

coq

el gallo

rat

la rata

chat

el gato

souris

el ratón

bœuf

el buey

chien

el perro

chenil

la cucha

tuyau de jardin

la manguera

arrosoir

la regadera

faucheuse

la guadaña

charrue

el arado

faucille

la hoz

pioche

la azada

fourche

la horquilla

hache

el hacha

brouette

la carretilla

cuve

el abrevadero

pot à lait

la lechera

sac

la bolsa

clôture

la reja

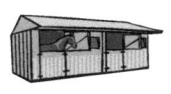

étable

el establo

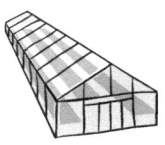

serre

el invernadero

sol

el suelo

semences

la semilla

engrais

el fertilizador

moissonneuse-batteuse

la cosechadora

récolter

cosechar

récolte

la cosecha

igname

las batatas

blé

el trigo

soja

la soja

pomme de terre

la papa

maïs

el maíz

colza

la semilla de colza

arbre fruitier

el árbol frutal

manioc

la mandioca

céréales

los cereales

maison
la casa

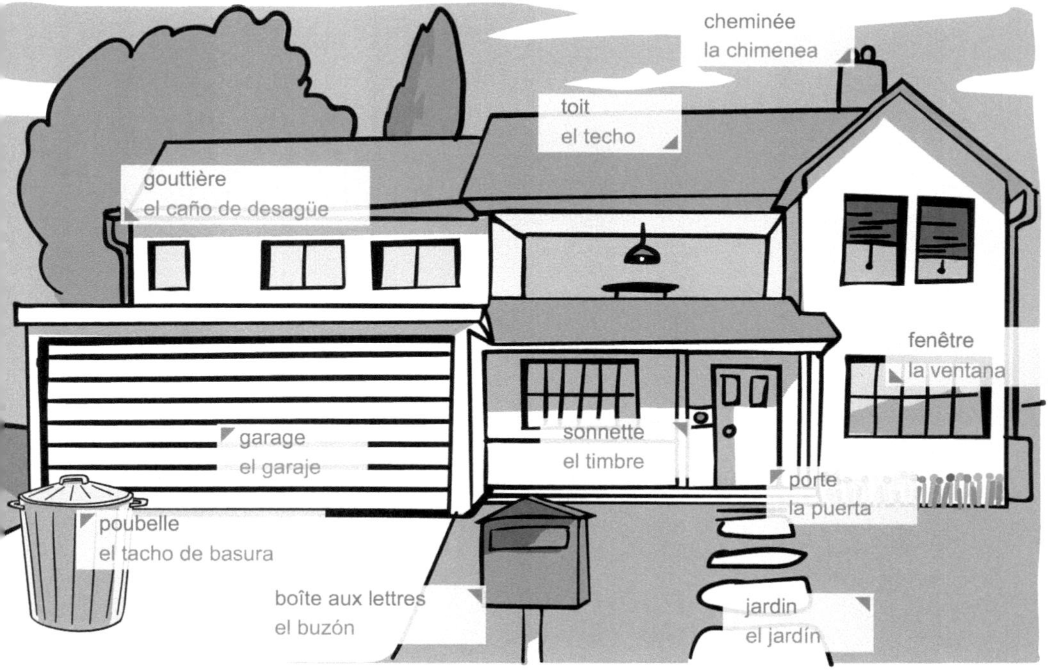
cheminée
la chimenea
toit
el techo
gouttière
el caño de desagüe
fenêtre
la ventana
garage
el garaje
sonnette
el timbre
porte
la puerta
poubelle
el tacho de basura
boîte aux lettres
el buzón
jardin
el jardín

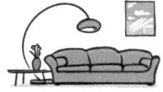

salon

el living

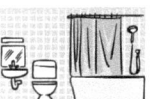

chambre de bain

el baño

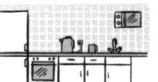

cuisine

la cocina

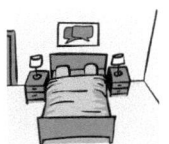

chambre à coucher

el dormitorio

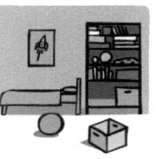

chambre d'enfant

el cuarto de los chicos

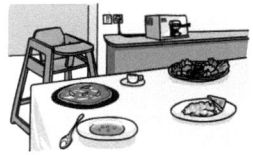

salle à manger

el comedor

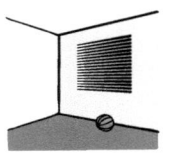

sol

el piso

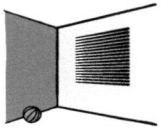

mur

la pared

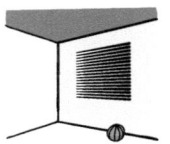

plafond

el cielorraso

cave

el sótano

sauna

el sauna

balcon

el balcón

terrasse

la terraza

piscine

la pileta

tondeuse à gazon

la cortadora de pasto

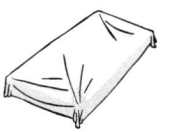

fourre de duvet

la sábana

couette

el acolchado

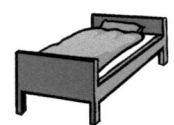

lit

la cama

balai

la escoba

sceau

el balde

interrupteur

el interruptor

salon
el living

papier peint
el empapelado
image
la imagen
lampe
la lámpara
étagère
el estante
armoire
el armario
télé
la televisión
cheminée
la chimenea
fleur
la flor
coussin
el almohadón
canapé
el sofá
vase
el florero
télécommande
el control remoto

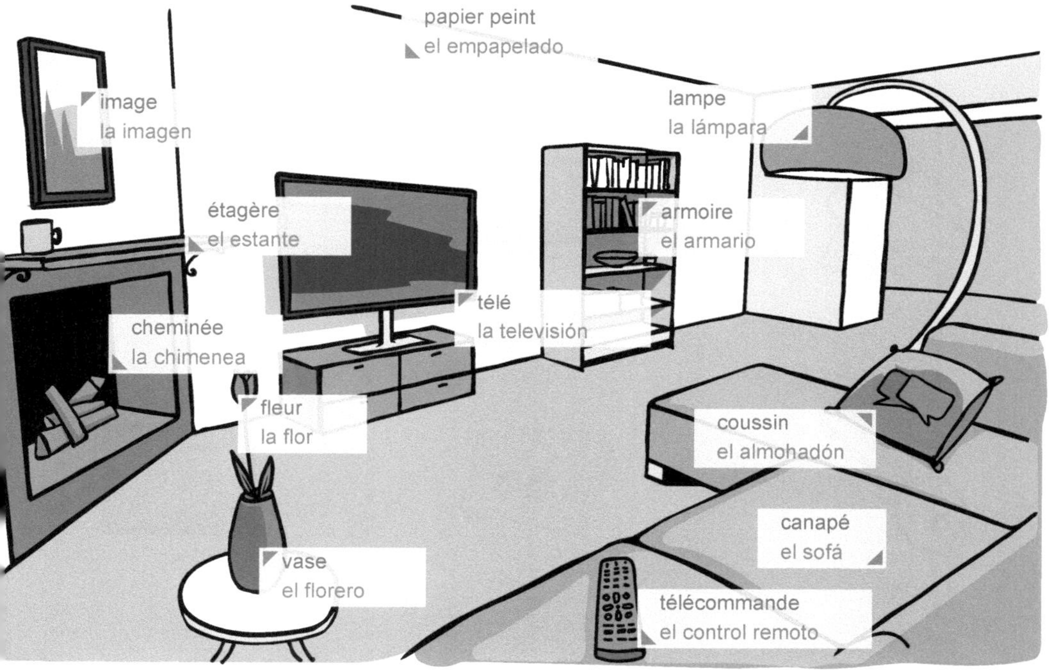

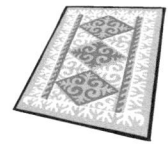

tapis

la alfombra

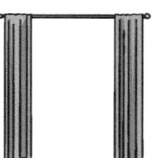

rideau

la cortina

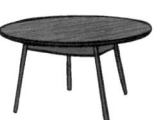

table

la mesa

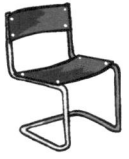

chaise

la silla

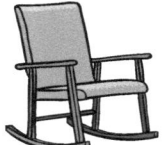

chaise à bascule

la mecedora

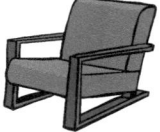

fauteuil

el sillón

livre
el libro

couverture
la frazada

décoration
la decoración

bois de chauffage
la leña

film
la película

chaîne hi-fi
el equipo de música

clé
la llave

journal
el diario

peinture
la pintura

poster
el póster

radio
la radio

bloc-notes
el cuaderno

aspirateur
la aspiradora

cactus
el cactus

bougie
la vela

cuisine
la cocina

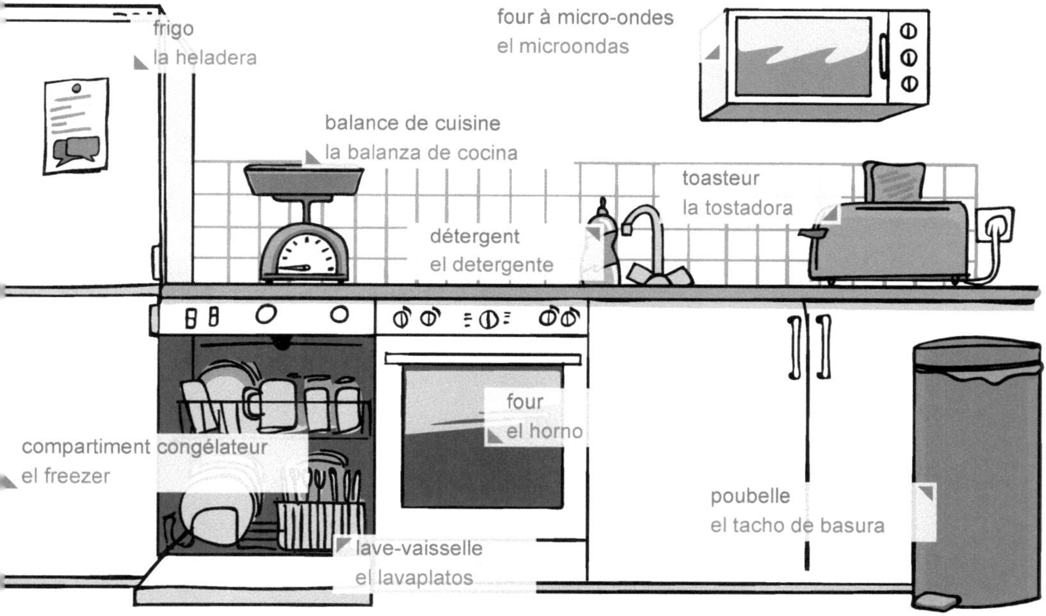

frigo
la heladera
four à micro-ondes
el microondas
balance de cuisine
la balanza de cocina
toasteur
la tostadora
détergent
el detergente
four
el horno
compartiment congélateur
el freezer
poubelle
el tacho de basura
lave-vaisselle
el lavaplatos

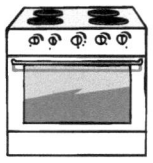

four
....
la cocina

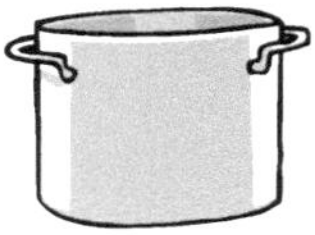

casserole
....
la olla

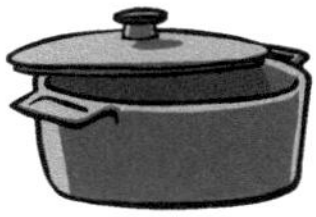

marmite
....
la olla de hierro fundido

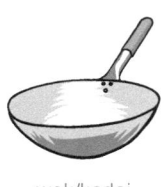

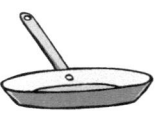

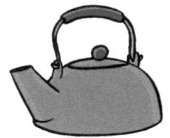

wok/kadai
....
el wok

poêle
....
la sartén

bouilloire électrique
....
la pava

cuiseur vapeur

la vaporera

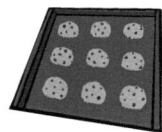

plaque de cuisson

la bandeja de horno

vaisselle

la vajilla

gobelet

la taza

bol

el bol

baguettes

los palitos

louche

el cucharón

spatule

la espátula

fouet

la batidora

passoire

el colador

tamis

el colador

râpe

el rallador

mortier

el mortero

barbecue

la parrilla

cheminée

la fogata

planche à découper

la tabla de picar

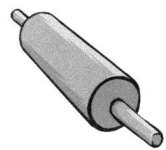

rouleau à pâtisserie

el palo de amasar

tire-bouchon

el sacacorchos

boîte

la lata

ouvre-boîte

el abrelatas

maniques

la manopla

lavabo

la pileta

brosse

el cepillo

éponge

la esponja

mixeur

la batidora

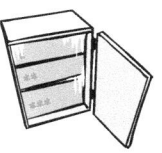

congélateur

el congelador

biberon

la mamadera

robinet

la canilla

chambre de bain

el baño

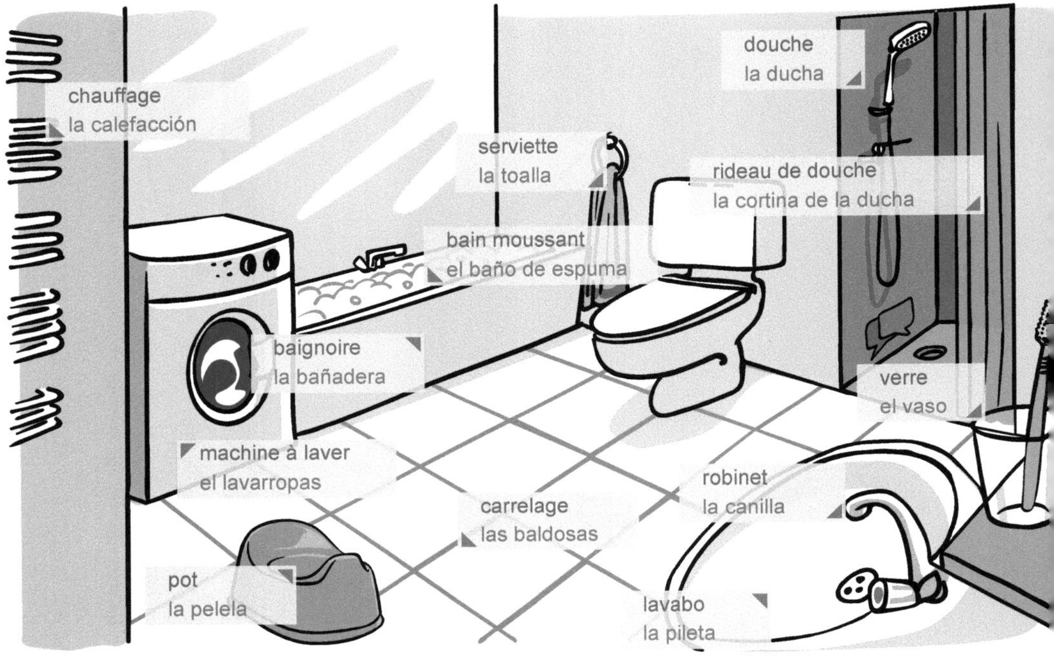

douche
la ducha

chauffage
la calefacción

serviette
la toalla

rideau de douche
la cortina de la ducha

bain moussant
el baño de espuma

baignoire
la bañadera

verre
el vaso

machine à laver
el lavarropas

robinet
la canilla

carrelage
las baldosas

pot
la pelela

lavabo
la pileta

toilettes
el inodoro

toilette à turque
la letrina

bidet
el bidé

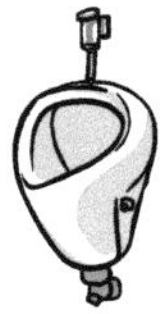

urinoir
el mingitorio

papier toilette
el papel higiénico

brosse à toilette
el cepillo para el inodoro

brosse à dents

el cepillo de dientes

dentifrice

el dentífrico

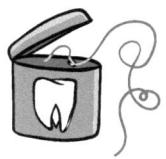

fil dentaire

el hilo dental

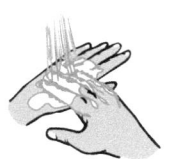

laver

lavar

douche manuelle

la ducha de mano

douche intime

la ducha higiénica

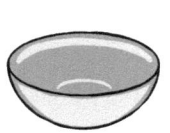

vasque

la palangana

brosse dorsale

el cepillo para la espalda

savon

el jabón

gel douche

el gel de ducha

shampooing

el shampoo

gant de toilette

la toallita

écoulement

el desagüe

crème

la crema

déodorant

el desodorante

miroir

el espejo

miroir cosmétique

el espejito

rasoir

la maquinita de afeitar

mousse à raser

la espuma de afeitar

après-rasage

el aftershave

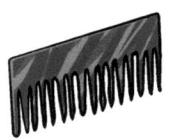

peigne

el peine

brosse

el cepillo

sèche-cheveux

el secador de pelo

laque pour cheveux

el spray

fond de teint

el maquillaje

rouge à lèvres

el lápiz de labios

vernis à ongles

el esmalte para uñas

ouate

el algodón

coupe-ongles

la tijera para uñas

parfum

el perfume

trousse de toilette

el portacosméticos

tabouret

la banqueta

balance

la balanza

peignoir

la bata

gants de nettoyage

los guantes de goma

tampon

el tampón

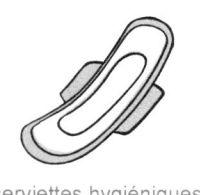

serviettes hygiéniques

la toallita femenina

toilette chimique

el baño químico

chambre d'enfant

el cuarto de los chicos

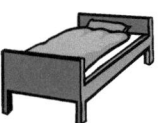

réveil
el despertador
doudou
el peluche
voiture jouet
el coche de juguete
hochet
el sonajero
maison de poupée
la casa de muñecas
cadeau
el regalo

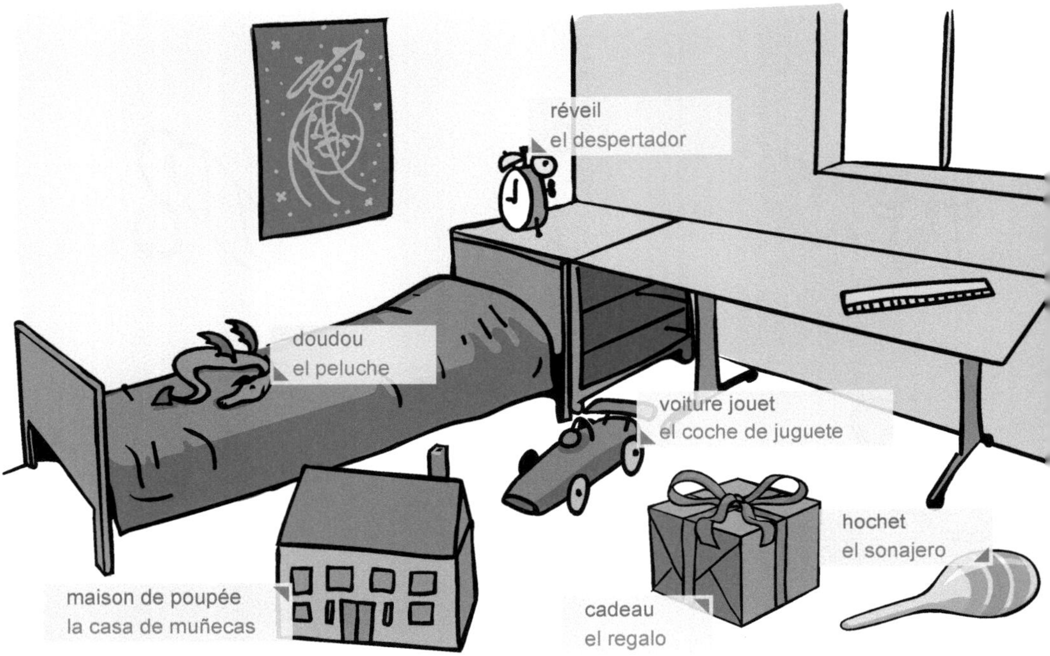

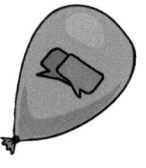

ballon

el globo

lit

la cama

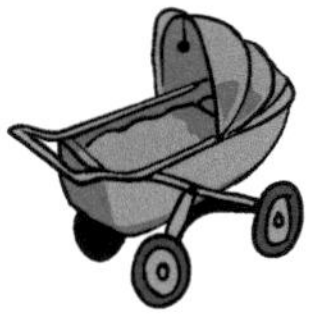

poussette

el cochecito

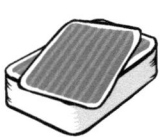

jeu de cartes

las cartas

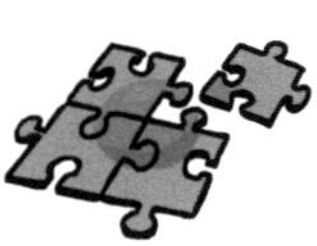

puzzle

el rompecabezas

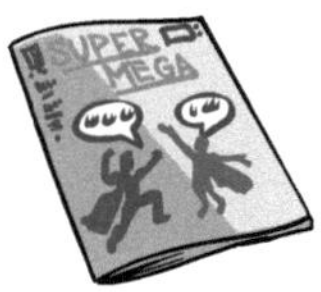

bande dessinée

la historieta

pièces lego

las piezas de lego

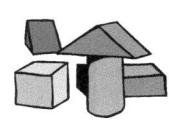

blocs de construction

los ladrillos de juguete

figurine

la figura de acción

grenouillère

el enterito (de bebé)

frisbee

el frisbee

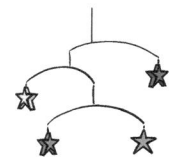

mobile

el móvil para bebés

jeu de société

el juego de mesa

dé

los dados

train miniature

el tren eléctrico

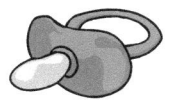

sucette

el chupete

fête

la fiesta

livre d'images

el libro de cuentos ilustrado

balle

la pelota

poupée

la muñeca

jouer

jugar

bac à sable

el arenero

balançoire

la hamaca

jouets

los juguetes

console de jeu

la consola de videojuegos

tricycle

el triciclo

ours en peluche

el osito de peluche

armoire

el armario

vêtements

la ropa

chaussettes

las medias

bas

las medias panty

collant

las calzas

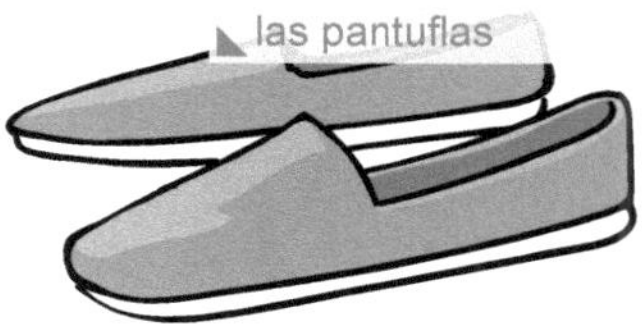

écharpe
la bufanda

parapluie
el paraguas

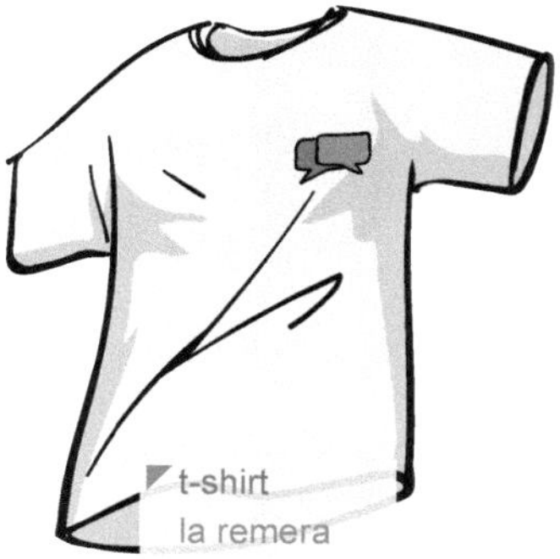

t-shirt
la remera

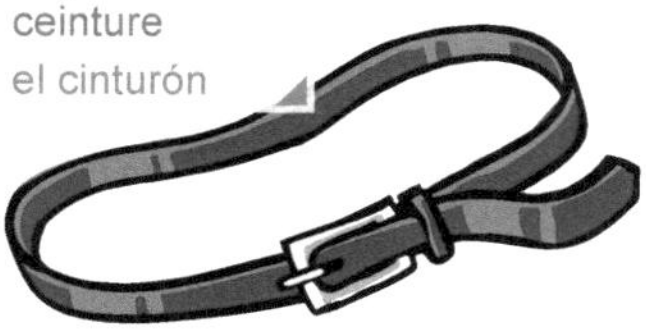

ceinture
el cinturón

bottes
las botas

pantoufles
las pantuflas

baskets
las zapatillas

sandales

las sandalias

chaussures

los zapatos

bottes de caoutchouc

las botas de goma

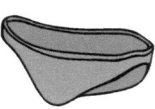

linge de corps

la ropa interior

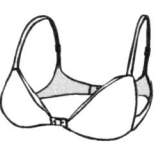

soutien-gorge

el corpiño

maillot de corps

el chaleco

body

el body

pantalon

los pantalones

jean

los jeans

jupe

la pollera

chemisier

la blusa

chemise

la camisa

pull

el pulóver

pull-over à capuche

el buzo

veste

el blazer

veste

la campera

manteau

el tapado

imperméable

el piloto

costume

el traje

robe

el vestido

robe de mariée

el vestido de novia

costume
el traje

chemise de nuit
el camisón

pyjama
el pijama

sari
el sari

foulard
el pañuelo para la cabeza

turban
el turbante

burqa
la burka

caftan
el caftán

abaya
la abaya

maillot de bain
el traje de baño

costume de bain
el short de baño

cuissettes
los shorts

tenue d'entraînement
el jogging

tablier
el delantal

gants
los guantes

bouton

el botón

lunettes

los anteojos

bracelet

la pulsera

collier

el collar

bague

el anillo

boucle d'oreille

el aro

bonnet

la gorra

cintre

la percha

chapeau

el sombrero

cravate

la corbata

fermeture éclair

el cierre

casque

el casco

bretelles

los tiradores

uniforme scolaire

el uniforme escolar

uniforme

el uniforme

bavoir

el babero

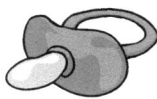

sucette

el chupete

couche

el pañal

bureau
la oficina

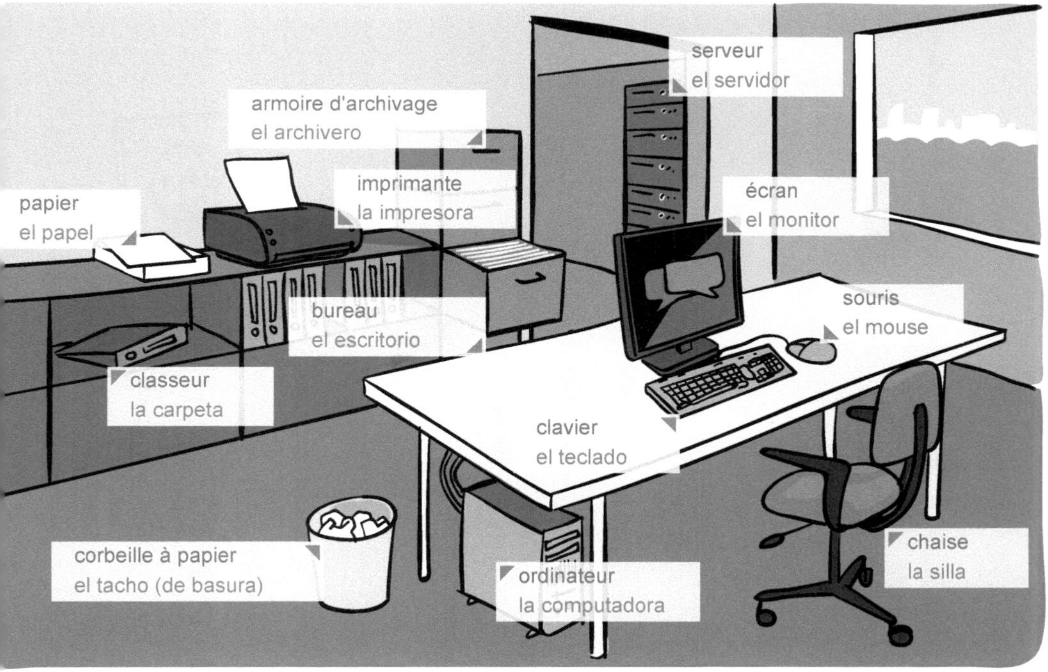

serveur
el servidor

armoire d'archivage
el archivero

imprimante
la impresora

papier
el papel

écran
el monitor

bureau
el escritorio

souris
el mouse

classeur
la carpeta

clavier
el teclado

corbeille à papier
el tacho (de basura)

ordinateur
la computadora

chaise
la silla

tasse à café

la taza de café

calculatrice

la calculadora

internet

el internet

bureau - la oficina

49

ordinateur portable

la laptop

lettre

la carta

message

el mensaje

portable

el celular

réseau

la red

photocopieuse

la fotocopiadora

logiciel

el software

téléphone

el teléfono

prise

el tomacorriente

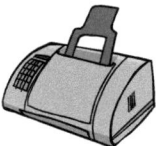

fax

el fax

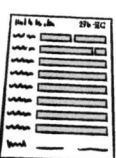

formulaire

el formulario

document

el documento

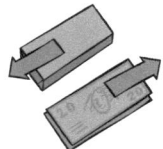

acheter
comprar

payer
pagar

marchander
hacer negocios

monnaie
el dinero

dollar
el dólar

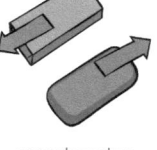

euro
el euro

yen
el yen

rouble
el rublo

franc suisse
el franco suizo

renminbi yuan
el yuan

roupie
la rupia

distributeur automatique
el cajero automático

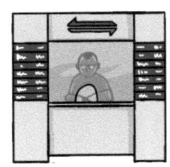

bureau de change

la casa de cambio

or

el oro

argent

la plata

pétrole

el petróleo

énergie

la energía

prix

el precio

contrat

el contrato

taxe

el impuesto

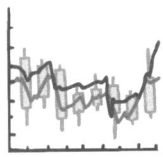

action

la acción

travailler

trabajar

employé

el empleado

employeur

el empleador

usine

la fábrica

magasin

el negocio

professions
las ocupaciones

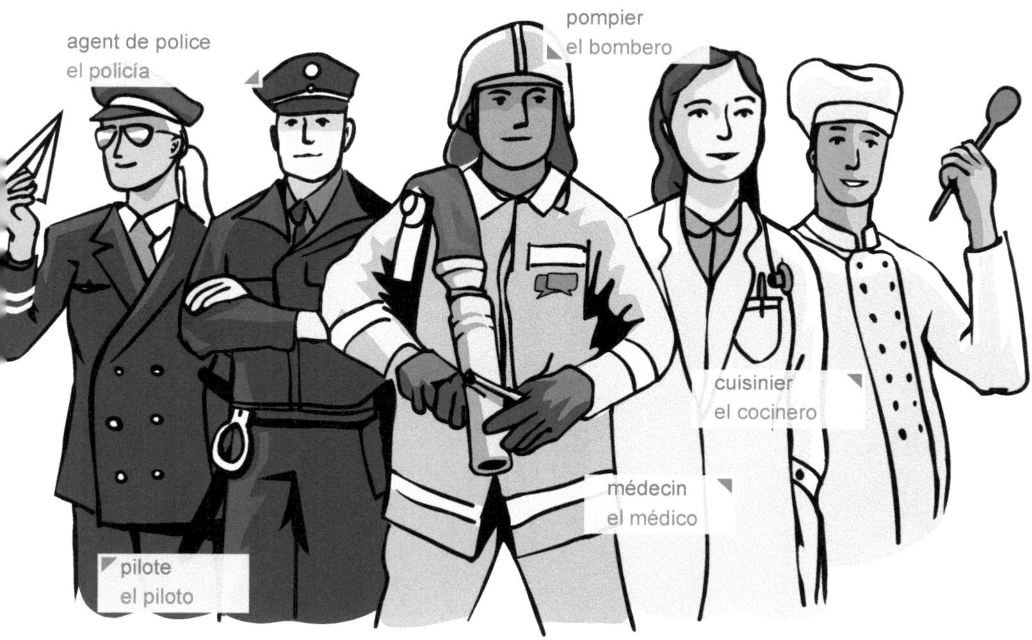
pompier
el bombero
agent de police
el policía
cuisinier
el cocinero
médecin
el médico
pilote
el piloto

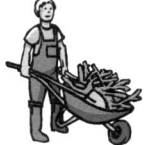

jardinier

el jardinero

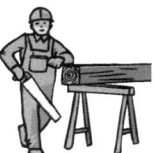

menuisier

el carpintero

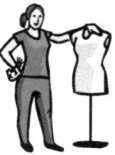

couturière

la modista

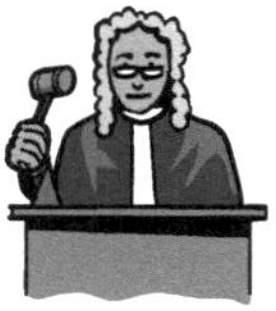

juge

el juez

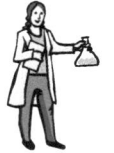

chimiste

el farmacéutico

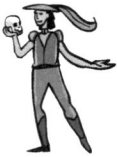

acteur

el actor

conducteur de bus

el colectivero

chauffeur de taxi

el taxista

pêcheur

el pescador

femme de ménage

la mucama

couvreur

el techista

serveur

el mozo

chasseur

el cazador

peintre

el pintor

boulanger

el panadero

électricien

el electricista

ouvrier

el albañil

ingénieur

el ingeniero

boucher

el carnicero

plombier

el plomero

facteur

el cartero

54   professions - las ocupaciones

soldat

el soldado

architecte

el arquitecto

caissier

el cajero

fleuriste

el florista

coiffeur

el peluquero

contrôleur

el cobrador

mécanicien

el mecánico

capitaine

el capitán

dentiste

el dentista

scientifique

el científico

rabbin

el rabino

imam

el imán

moine

el monje

prêtre

el sacerdote

outils

las herramientas

marteau
el martillo
pinces
la tenaza
tournevis
el destornillador
clé
la llave
torche
la linterna

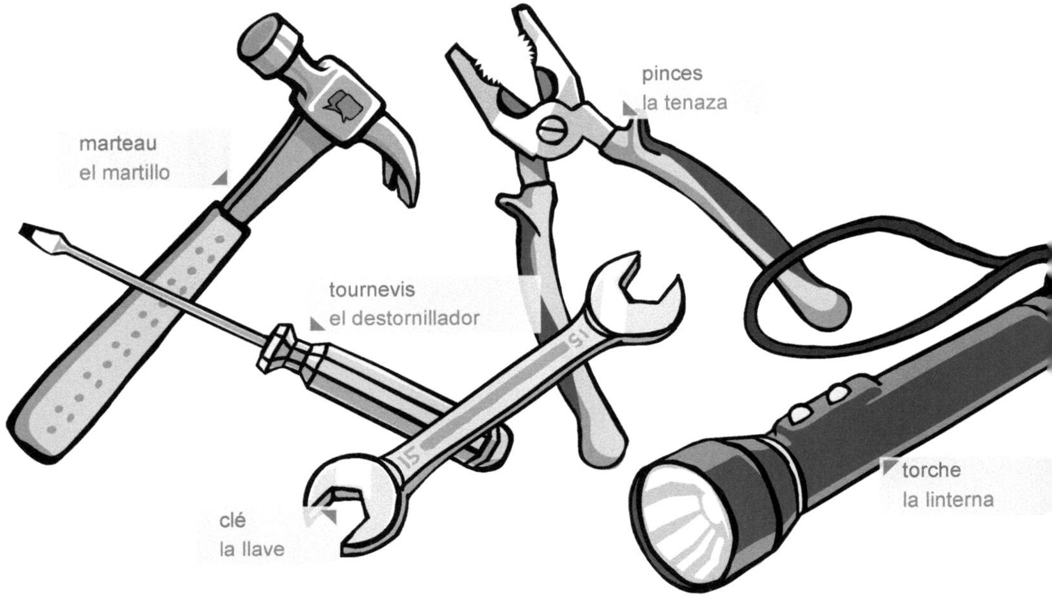

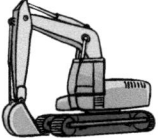

pelleteuse

la excavadora

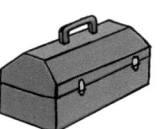

boîte à outils

la caja de herramientas

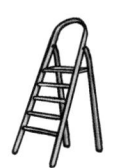

échelle

la escalera portátil

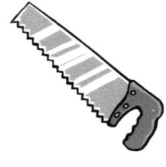

scie

la sierra

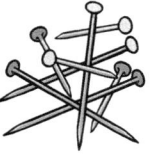

clous

los clavos

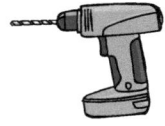

perceuse

el taladro

réparer

arreglar

pelle

la pala de jardín

Mince!

¡Qué bronca!

pelle

la pala de plástico

pot de peinture

el tacho de pintura

vis

los tornillos

instruments de musique
los instrumentos musicales

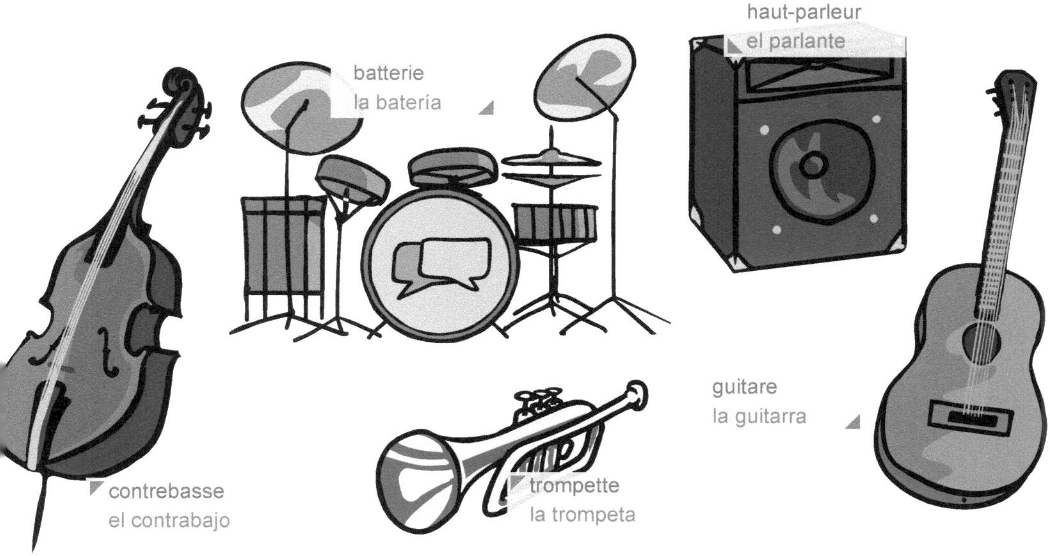

batterie
la batería

haut-parleur
el parlante

guitare
la guitarra

contrebasse
el contrabajo

trompette
la trompeta

piano

el piano

violon

el violín

basse

el bajo

timbales

los timbales

tambour

el tambor

piano électrique

el teclado

saxophone

el saxofón

flûte

la flauta

microphone

el micrófono

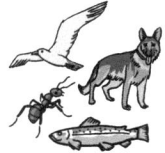

zoo

el zoológico

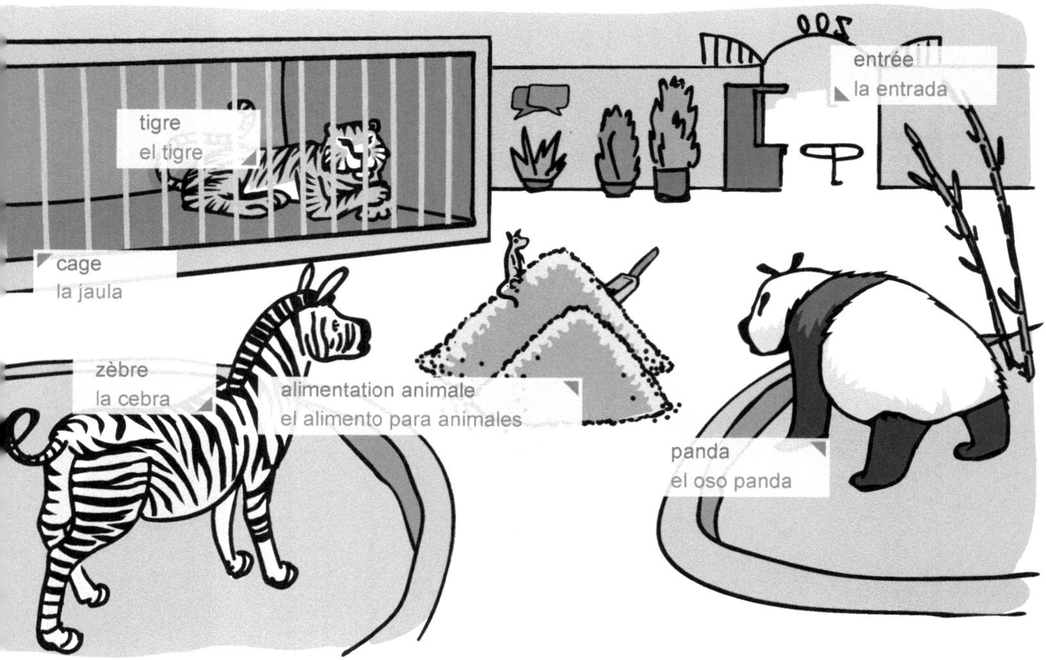

tigre
el tigre
entrée
la entrada
cage
la jaula
zèbre
la cebra
alimentation animale
el alimento para animales
panda
el oso panda

animaux

los animales

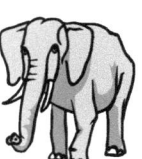

éléphant

el elefante

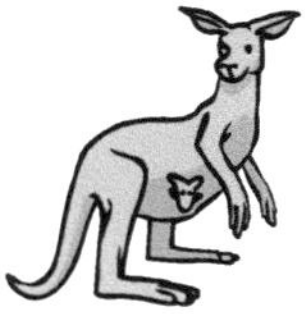

kangourou

el canguro

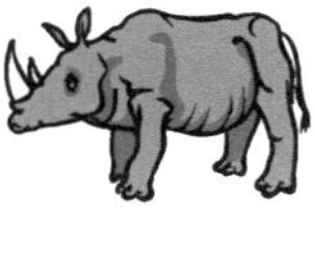

rhinocéros

el rinoceronte

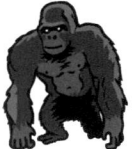

gorille

el gorila

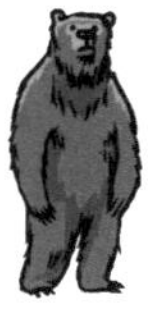

ours

el oso

chameau

el camello

autruche

el avestruz

lion

el león

singe

el mono

flamand rose

el flamenco

perroquet

el loro

ours polaire

el oso polar

pingouin

el pingüino

requin

el tiburón

paon

el pavo real

serpent

la serpiente

crocodile

el cocodrilo

gardien de zoo

el cuidador del zoológico

phoque

la foca

jaguar

el jaguar

poney

el poni

léopard

el leopardo

hippopotame

el hipopótamo

girafe

la jirafa

aigle

el águila

sanglier

el jabalí

poisson

el pescado

tortue

la tortuga

morse

la morsa

renard

el zorro

gazelle

la gacela

sports
los deportes

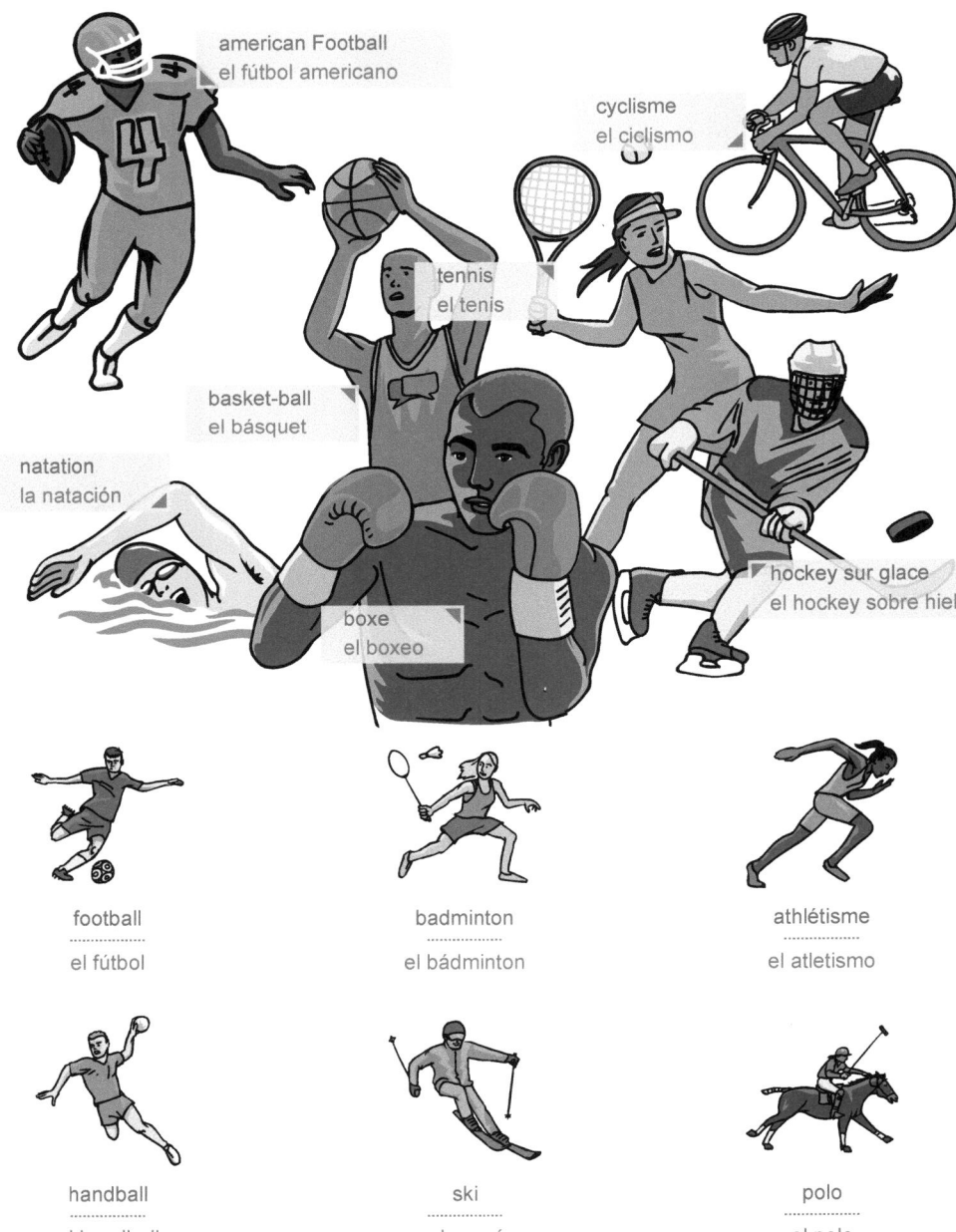

american Football
el fútbol americano

cyclisme
el ciclismo

tennis
el tenis

basket-ball
el básquet

natation
la natación

boxe
el boxeo

hockey sur glace
el hockey sobre hielo

football
el fútbol

badminton
el bádminton

athlétisme
el atletismo

handball
el handball

ski
el esquí

polo
el polo

sauter
saltar

embrasser
abrazar

rire
reír

marcher
caminar

chanter
cantar

prier
rezar

faire la bise
besar

rêver
soñar

écrire
escribir

dessiner
dibujar

montrer
mostrar

pousser
presionar

donner
dar

prendre
tomar

avoir

tener

faire

hacer

être

ser

être debout

estar parado

courir

correr

trier

tirar

jeter

tirar

tomber

caer

être couché

estar acostado

attendre

esperar

porter

llevar

être assis

estar sentado

s'habiller

vestirse

dormir

dormir

se réveiller

despertar

regarder

mirar

pleurer

llorar

caresser

acariciar

peigner

peinar

parler

hablar

comprendre

entender

demander

preguntar

écouter

escuchar

boire

beber

manger

comer

ranger

ordenar

aimer

amar

cuire

cocinar

conduire

manejar

voler

volar

faire de la voile

navegar

calculer

calcular

lire

leer

apprendre

aprender

travailler

trabajar

se marier

casarse

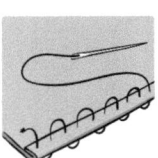

coudre

coser

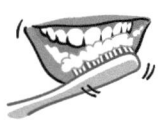

se brosser les dents

cepillarse los dientes

tuer

matar

fumer

fumar

envoyer

enviar

activités - las actividades

grand-mère
la abuela

grand-père
el abuelo

père
el padre

mère
la madre

bébé
el bebé

fille
la hija

fils
el hijo

hôte
el invitado

tante
la tía

oncle
el tío

frère
el hermano

sœur
la hermana

corps
el cuerpo

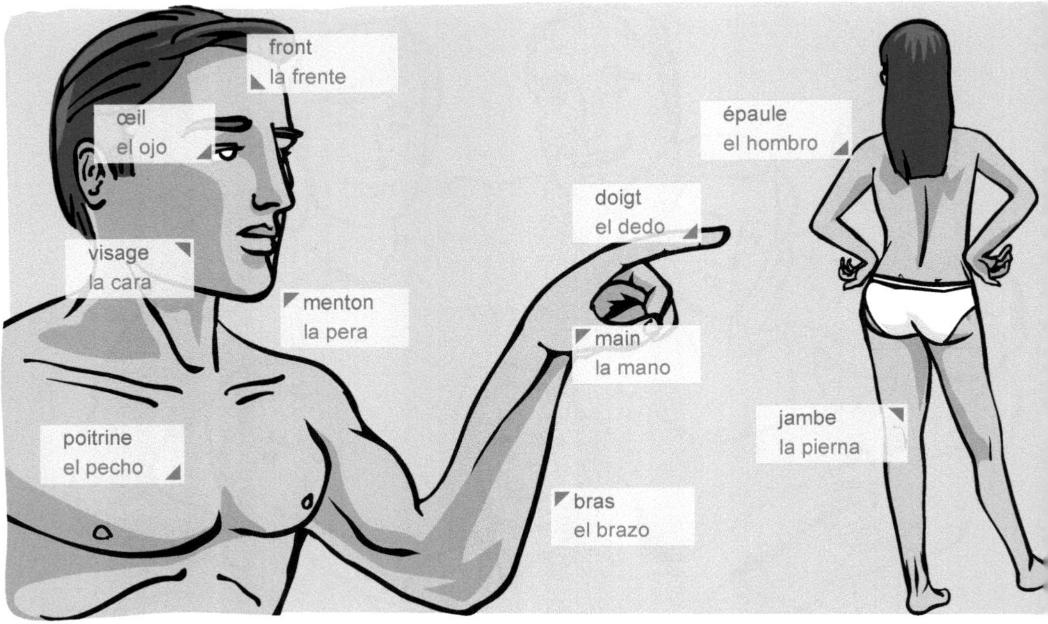

front
la frente

œil
el ojo

épaule
el hombro

doigt
el dedo

visage
la cara

menton
la pera

main
la mano

poitrine
el pecho

jambe
la pierna

bras
el brazo

bébé
el bebé

homme
el hombre

femme
la mujer

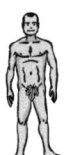

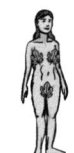

fille
la nena

garçon
el nene

tête
la cabeza

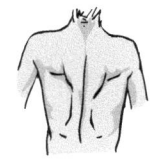

dos

la espalda

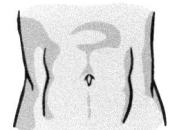

ventre

la panza

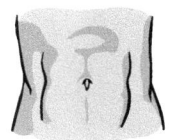

nombril

el ombligo

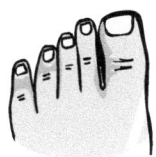

orteil

el dedo del pie

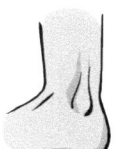

talon

el talón

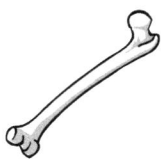

os

el hueso

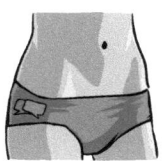

hanche

la cadera

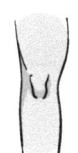

genou

la rodilla

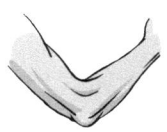

coude

el codo

nez

la nariz

fesses

la cola

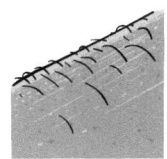

peau

la piel

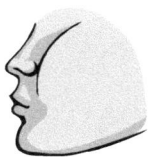

joue

el cachete

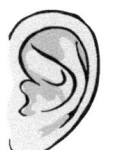

oreille

la oreja

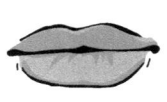

lèvre

el labio

bouche

la boca

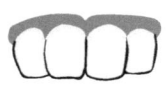

dent

el diente

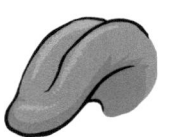

langue

la lengua

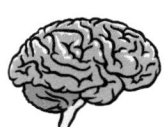

cerveau

el cerebro

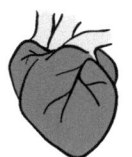

cœur

el corazón

muscle

el músculo

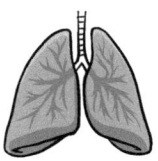

poumons

el pulmón

foie

el hígado

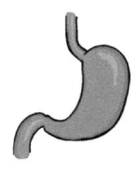

estomac

el estómago

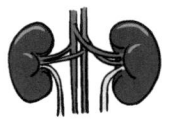

reins

los riñones

rapport sexuel

el sexo

préservatif

el preservativo

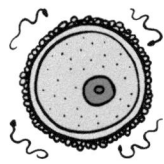

ovule

el óvulo

sperme

el semen

grossesse

el embarazo

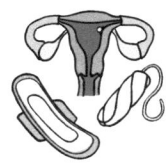

menstruation

la menstruación

vagin

la vagina

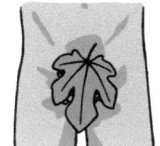

pénis

el pene

sourcil

la ceja

cheveux

el pelo

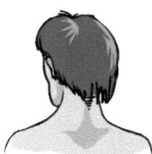

cou

el cuello

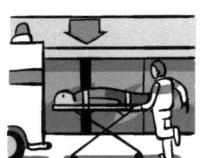

hôpital

el hospital

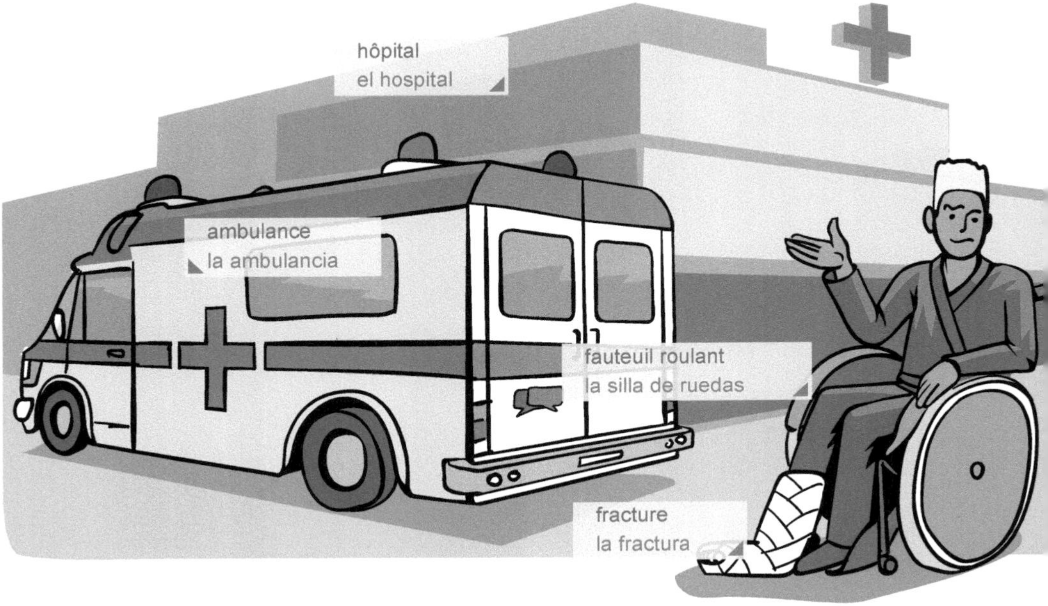

hôpital
el hospital
ambulance
la ambulancia
fauteuil roulant
la silla de ruedas
fracture
la fractura

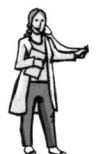

médecin

el médico

service des urgences

la sala de guardia

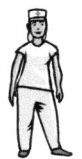

infirmière

la enfermera

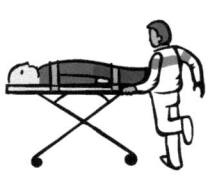

urgence

la emergencia

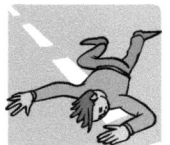

inconscient

inconsciente

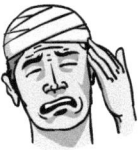

douleur

el dolor

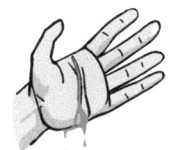

blessure

la lesión

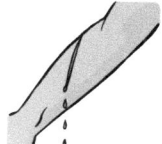

hémorragie

la hemorragia

crise cardiaque

el infarto

attaque cérébrale

el ACV

allergie

la alergia

toux

la tos

fièvre

la fiebre

grippe

la gripe

diarrhée

la diarrea

mal de tête

el dolor de cabeza

cancer

el cáncer

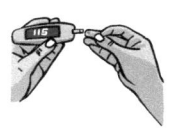

diabète

la diabetes

chirurgien

el cirujano

scalpel

el bisturí

opération

la operación

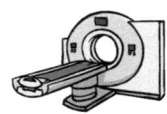

CT

la TC

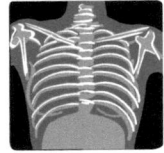

radiographie

los rayos x

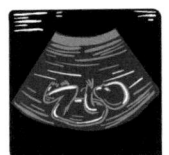

échographie

la ecografía

masque

el barbijo

maladie

la enfermedad

salle d'attente

la sala de espera

béquille

la muleta

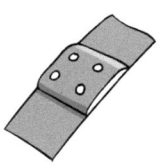

pansement

la curita

pansement

la venda

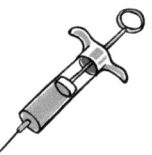

injection

la inyección

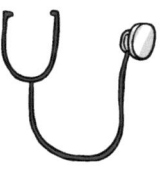

stéthoscope

el estetoscopio

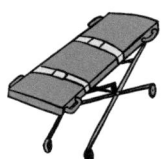

brancard

la camilla

thermomètre

el termómetro

accouchement

el nacimiento

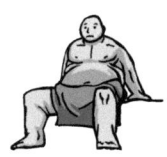

surpoids

el sobrepeso

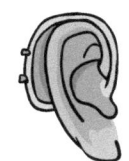

appareil auditif

el audífono

désinfectant

el desinfectante

infection

la infección

virus

el virus

VIH / sida

el VIH / SIDA

médicament

el remedio

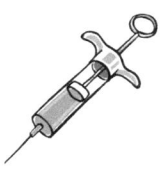

vaccination

la vacunación

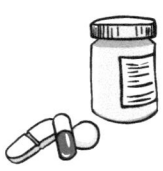

tablettes

los comprimidos

pilule

la pastilla anticonceptiva

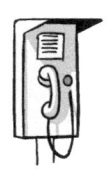

appel d'urgence

la llamada de emergencia

tensiomètre

el tensiómetro

malade / sain

enfermo / sano

Au secours!

¡Ayuda!

alarme

la alarma

agression

la agresión

attaque

el ataque

danger

el peligro

sortie de secours

la salida de emergencia

Au feu!

¡Fuego!

extincteur

el matafuego

accident

el accidente

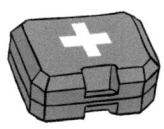

trousse de premier secours

el botiquín de primeros
auxilios

SOS

el SOS

police

la policía

Europe

Europa

Amérique du Nord

América del Norte

Amérique du Sud

América del Sur

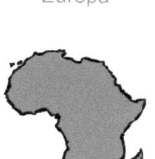

Afrique

África

Asie

Asia

Australie

Australia

Océan atlantique

el Atlántico

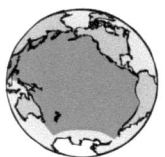

Océan pacifique

el Pacífico

Océan indien

el Océano Índico

Océan antarctique

el Océano Antártico

Océan arctique

el Océano Ártico

Pônord

el polo norte

Pôsud

el polo sur

Antarctique

la Antártida

terre

la Tierra

pays

la tierra

mer

el mar

île

la isla

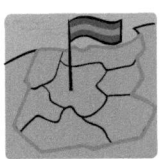

nation

la nación

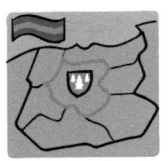

état

el estado

terre - la Tierra

cadran

la esfera

aiguille des heures

la manecilla de las horas

aiguille des minutes

el minutero

aiguille des secondes

el segundero

Quelle heure est-il?

¿Qué hora es?

jour

el día

temps

la hora

maintenant

ahora

montre digitale

el reloj digital

minute

el minuto

heure

la hora

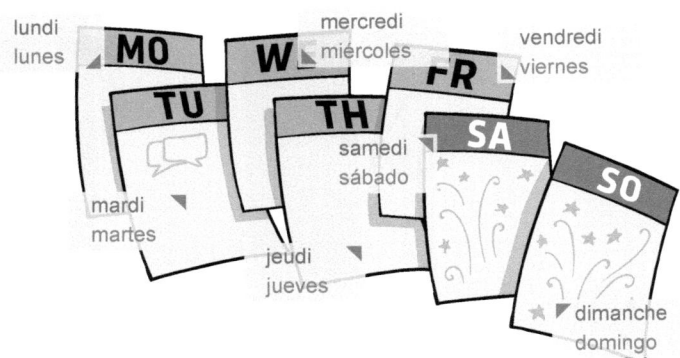

lundi / lunes — MO
mardi / martes — TU
mercredi / miércoles — W
jeudi / jueves — TH
vendredi / viernes — FR
samedi / sábado — SA
dimanche / domingo — SO

hier

ayer

aujourd'hui

hoy

demain

mañana

matin

la mañana

midi

el mediodía

soir

la tarde

jours ouvrables

los días hábiles

week-end

el fin de semana

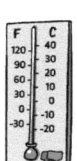

pluie
la lluvia

arc-en-ciel
el arco iris

neige
la nieve

vent
el viento

printemps
la primavera

automne
el otoño

été
el verano

hiver
el invierno

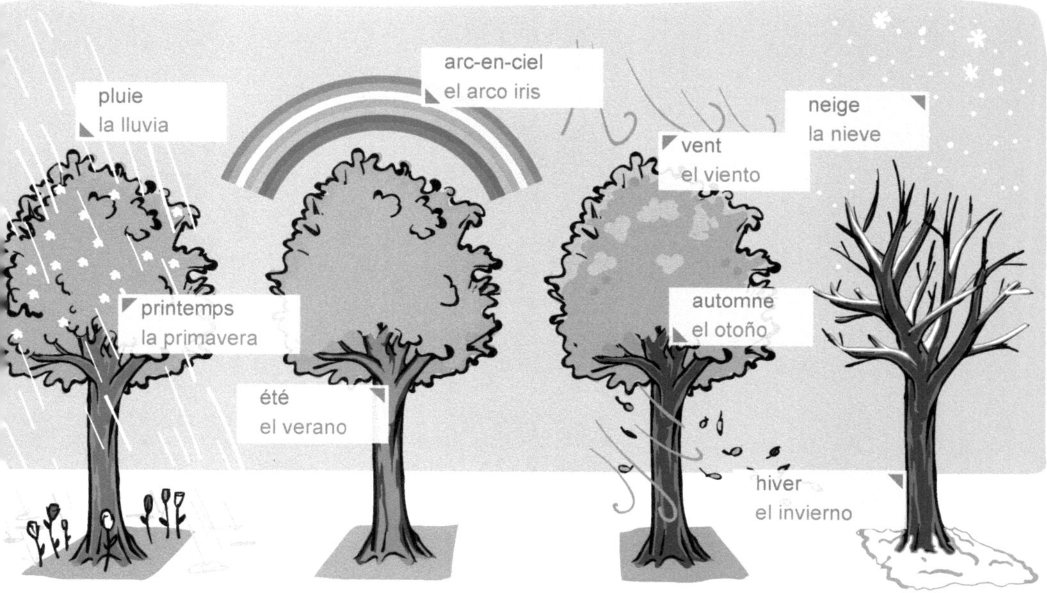

météo
pronóstico meteorológico

thermomètre
el termómetro

lumière du soleil
la luz del sol

nuage
la nube

brouillard
la niebla

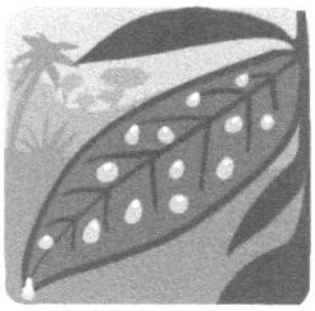

humidité
la humedad

foudre

el rayo

tonnerre

el trueno

tempête

la tormenta

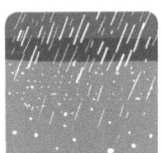

grêle

el granizo

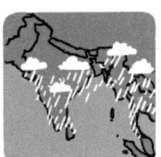

mousson

el monzón

inondation

la inundación

glace

el hielo

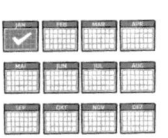

janvier

enero

février

febrero

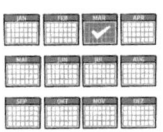

mars

marzo

avril

abril

mai

mayo

juin

junio

juillet

julio

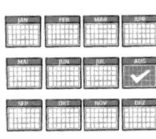

août

agosto

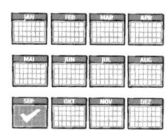

septembre

septiembre

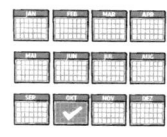

octobre

octubre

novembre

noviembre

décembre

diciembre

formes
las formas

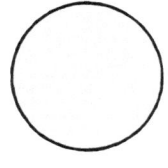

cercle

el círculo

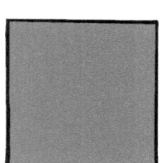

carré

el cuadrado

rectangle

el rectángulo

triangle

el triángulo

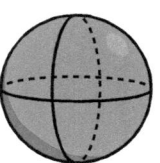

sphère

la esfera

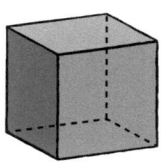

cube

el cubo

blanc

blanco

jaune

amarillo

orange

naranja

rose

rosa

rouge

rojo

violet

violeta

bleu

azul

vert

verde

marron

marrón

gris

gris

noir

negro

beaucoup / peu

mucho / poco

fâché / calme

enojado / tranquilo

joli / laid

lindo / feo

début / fin

el principio / el fin

grand / petit

grande / chico

clair / obscure

claro / oscuro

frère / sœur

el hermano / la hermana

propre / sale

limpio / sucio

complet / incomplet

completo / incompleto

jour / nuit

el dia / la noche

mort / vivant

muerto / vivo

large / étroit

ancho / angosto

comestible / incomestible

comestible / no comestible

méchant / gentil

malo / amable

excité / ennuyé

entusiasmado / aburrido

gros / mince

gordo / flaco

premier / dernier

primero / último

ami / ennemi

el amigo / el enemigo

plein / vide

lleno / vacío

dur / souple

duro / blando

lourd / léger

pesado / liviano

faim / soif

el hambre / la sed

malade / sain

enfermo / sano

illégal / légal

ilegal / legal

intelligent / stupide

inteligente / estúpido

gauche / droite

izquierda / derecha

proche / loin

cerca / lejos

nouveau / usé

nuevo / usado

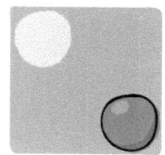

rien / quelque chose

nada / algo

vieux / jeune

viejo / joven

marche / arrêt

encendido / apagado

ouvert / fermé

abierto / cerrado

faible / fort

silencioso / ruidoso

riche / pauvre

rico / pobre

correct / incorrect

correcto / incorrecto

rugueux / lisse

áspero / suave

triste / heureux

triste / contento

court / long

corto / largo

lent / rapide

lento / rápido

mouillé / sec

mojado / seco

chaud / froid

caliente / frío

guerre / paix

guerra / paz

nombres
los números

0
zéro
cero

1
un
uno

2
deux
dos

3
trois
tres

4
quatre
cuatro

5
cinq
cinco

6
six
seis

7
sept
siete

8
huit
ocho

9
neuf
nueve

10
dix
diez

11
onze
once

12

douze

doce

13

treize

trece

14

quatorze

catorce

15

quinze

quince

16

seize

dieciséis

17

dix-sept

diecisiete

18

dix-huit

dieciocho

19

dix-neuf

diecinueve

20

vingt

veinte

100

cent

cien

1.000

mille

mil

1.000.000

million

el millón

anglais

el inglés

anglais américain

el inglés americano

chinois mandarin

el chino mandarín

hindi

el hindi

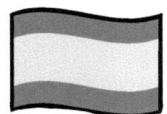

espagnol

el español

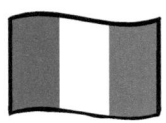

français

el francés

arabe

el árabe

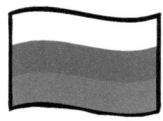

russe

el ruso

portugais

el portugués

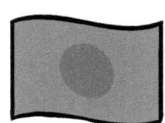

bengali

el bengalí

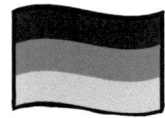

allemand

el alemán

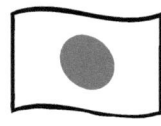

japonais

el japonés

je
yo

tu
vos

il / elle
él / ella

nous
nosotros

vous
ustedes

ils / elles
ellos

qui?
¿quién?

quoi?
¿qué?

comment?
¿cómo?

où?
¿dónde?

quand?
¿cuándo?

nom
el nombre

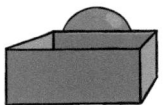

derrière

detrás

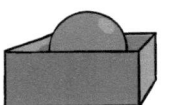

dans

en

devant

adelante de

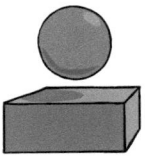

au-dessus

por encima de

sur

sobre

en-dessous

debajo de

à côté de

al lado de

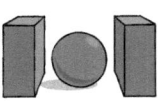

entre

entre

lieu

el lugar